Gustav Louis

Über den Individualismus des Hobbes

Gustav Louis

Über den Individualismus des Hobbes

ISBN/EAN: 9783743694163

Hergestellt in Europa, USA, Kanada, Australien, Japan

Cover: Foto ©Thomas Meinert / pixelio.de

Weitere Bücher finden Sie auf **www.hansebooks.com**

Über den
Individualismus des Hobbes.

INAUGURAL-DISSERTATION

VERFASST

UND MIT GENEHMIGUNG

DER HOHEN PHILOSOPHISCHEN FACULTÄT

DER

VEREINIGTEN FRIEDRICHS-UNIVERSITÄT

HALLE-WITTENBERG

SAMMT DEN THESEN

ÖFFENTLICH ZU VERTEIDIGEN

VON

GUSTAV LOUIS
AUS BERLIN

OPPONENTEN:

ERNST GOLDBECK, Gymnasiallehrer.
FRIEDRICH WOLFF, Gymnasiallehrer

HALLE ᴬ/S.
MDCCCLXXXXI.

Buchdruckerei von Gustav Schade (Otto Francke) in Berlin N.

Die gewaltige Umwälzung in dem Denken und Fühlen der Menschheit, welche den Ausgang des Mittelalters und den Beginn der neueren Zeit bezeichnet, ist zum guten Teil bewirkt worden durch das Emporkommen des Persönlichkeitsgefühls und die Geltendmachung des Individuums. So schildert uns Burckhardt die Kultur der Renaissance in Italien als das Werk kräftig entwickelter Persönlichkeiten, die in der Auslebung des eigenen Inhalts ihre Aufgabe erblickten, und so weist Windelband in seiner Geschichte der neueren Philosophie mit besonderem Nachdruck auf das individualistische Element der mannigfachen geistigen Bewegungen hin, welche zur Auflösung der mittelalterlichen Anschauungen und zur Vorbereitung einer modernen Weltauffassung zusammengewirkt haben. Aber wie rücksichtslos sich auch das Gefühl für das Recht des Einzelnen im Denken und Handeln jener Übergangszeit kundgegeben habe, die Übertragung der individualistischen Denkweise in die theoretische Betrachtung und ihre Ausgestaltung zu dem Gedanken, dass die Menschheit aus rein auf sich selbst gestellten, nur sich selbst lebenden Individuen bestehe, war erst dem 17. Jahrhundert vorbehalten. Hier trat diese Lehre fast gleichzeitig in der Form weltmännischer Betrachtungen über das Leben und in der einer streng wissenschaftlich gehaltenen Grundlegung der Staatstheorie hervor. Den weltmännischen Repräsentanten jener Ansicht erkennen wir in dem französischen Hofmann, dem Herzog von Larochefoucault, den wissenschaftlichen in dem englischen Philosophen Thomas Hobbes. Das Schicksal, welches den Werken dieser beiden

4

Männer zu teil wurde, war trotz ihrer inneren Verwandtschaft sehr verschieden. Larochefoucaults Aphorismen fanden den ungeteilten Beifall der geistreichen Pariser Salons seiner Zeit und werden noch jetzt häufig gelesen. Hobbes' Gedanken dagegen wurden von seinen Zeitgenossen fast einstimmig abgelehnt und haben erst in der neueren Zeit eingehendere Würdigung gefunden, obwohl sie, wie Whewell bezeugt, nicht ohne den erheblichsten Einfluss auf Locke und seine Nachfolger gewesen sind.

Die Ursache für diesen Misserfolg des Hobbes wird nicht zum geringsten Teil darin zu suchen sein, dass er sich nicht wie Larochefoucault damit begnügte, über den Egoismus gefällige Bemerkungen zu machen, sondern einmal die individualistische Grundansicht von der Menschheit mit der rücksichtslosesten Konsequenz ausbildete und ferner dieselbe in seinen politischen und ethischen Lehren unbedingt zur Geltung brachte. Hierdurch erregte er notwendig den Widerspruch und die Feindschaft aller, die sich berufen fühlten, als Verfechter derjenigen Güter aufzutreten, welche der Menschheit als Ganzes gehören, und so wurde die principielle Durchführung derselben Gedanken, die man in den Aphorismen des Larochefoucault mit Wohlgefallen hinnahm, der Anlass zu der beispiellosen Verketzerung, deren Gegenstand Hobbes lange Zeit gewesen ist. Aber wie eng auch die Lehren, welche das Urteil der Zeitgenossen über die Philosophie des Hobbes bestimmt haben, mit seiner individualistischen Grundansicht von der Menschheit zusammenhängen und wie charakteristisch auch diese selbst für die Eigenart unseres Philosophen sein möge, so hat sie doch, so viel ich sehen kann, eine eingehendere Darstellung bisher nicht gefunden. Vielmehr kommen in allen Besprechungen von Hobbes' Philosophie und auch in den bezüglichen Monographien vorzüglich seine erkenntnistheoretischen und staatstheoretischen Lehrmeinungen zur Erörterung. Diesem Sachverhalt gegenüber habe ich mir im Folgenden die Aufgabe gestellt, in erster Linie den Charakter der Individuen, aus denen Hobbes die Menschheit bestehend denkt, genau festzustellen und des weiteren den Einfluss zu erörtern, welchen jene Ansicht über die Menschen bei dem Aufbau seiner Staatstheorie ausgeübt hat. Dabei werden wir dann finden, dass sich in den politischen Lehren neben jener individualistischen Grundansicht Gedanken von ganz anderem Charakter geltend machen, und werden so dazu geführt werden, auch noch die Frage zu erwägen, ob jene beiden Elemente in den staatstheoretischen Lehrmeinungen des Hobbes ausgeglichen sind, oder ob sie unvermittelt neben einander bestehen bleiben.

Eine wesentliche Schwierigkeit, welche diese Arbeit bietet, entspringt daraus, dass sich die Moral des Hobbes, die wir bei einer Charakteristik seiner Individuen doch werden berücksichtigen müssen, nicht mit seiner Psychologie vereinigt findet, sondern in den Vortrag seiner Staatslehre verwoben ist. Dieser Umstand hindert uns daran, die Behandlung jener oben gestellten Aufgaben völlig von einander zu trennen, und wir müssen wegen des etwas verschlungenen Charakters, den unsere Darstellung infolge davon annehmen wird, um Nachsicht bitten.

Was nun die Hilfsmittel unserer Arbeit betrifft, so werden wir von anderweitigen Schriften über Hobbes für unsere Hauptabsicht nur wenig benutzen können, weil in ihnen seine Psychologie und Ethik fast nur summarisch behandelt wird. Wir werden uns daher im wesentlichen an die eigenen Arbeiten unseres Philosophen zu halten haben. Von diesen sind für uns neben der grundlegenden Schrift de Corpore vom Jahre 1655 von Wichtigkeit zunächst die Schrift On human nature, welche den ersten Teil einer etwa 1640 entstandenen Abhandlung bildet und ebenso wie der Rest derselben 1650 von Hobbes' Freunden herausgegeben wurde, ferner der psychologische Abschnitt des Leviathan vom Jahre 1651, endlich seine letzte Arbeit De homine vom

Jahre 1658. Neben diesen Schriften psychologischen Inhalts werden wir für die Staatstheorie den politischen Teil des Leviathan heranziehen, die teilweis abweichende Darstellung der früheren Schriften aber ebenso beiseit lassen, wie die von Tönnies aufgeworfene Frage nach dem Entwickelungsgang von Hobbes' politischen Lehrmeinungen.

Durch die Reihe der hier aufgezählten Schriften ist auch der Plan unserer Arbeit schon annähernd gezeichnet. Am Eingang derselben werden wir die metaphysischen und erkenntnistheoretischen Lehrmeinungen des Hobbes soweit ins Gedächtnis zurückrufen, wie es für spätere Bezugnahme erforderlich scheint. Dann werden wir uns einer genaueren Behandlung seiner Psychologie zuwenden und dabei seine individualistische Ansicht von der Menschheit scharf hervortreten sehen. An diese Erörterungen wird sich eine Besprechung seiner politischen Lehren anschliessen. Dort werden wir einmal den starken Einfluss kennen lernen, den sein Individualismus auf die Theorie von dem vorstaatlichen Zustande ausgeübt hat, dann in seinen Lehren von der Moral die bereits gewonnene Erkenntnis von dem Wesen seiner Individuen neuerdings belegt finden und endlich den Widerstreit dieser Ansicht mit einer entgegenstrebenden Gedankenrichtung unseres Philosophen in seinen Lehren vom staatlichen Zustand zum Austrag kommen sehen.

Metaphysische
und
erkenntnistheoretische Grundanschauungen.

Von dem Wesen der Vorstellungen.

In der Metaphysik huldigt H. dem reinen Materialismus. Für ihn giebt es nur Körper; der Begriff einer unkörperlichen Substanz ist ihm ein ebenso widerspruchsvoller, wie der eines viereckigen Kreises. Der Körper als die einzig wahre Substanz ist als solcher unvergänglich; Entstehen und Vergehen besteht nur in der Verbindung und Trennung von Teilen, jede Veränderung nur in Bewegung. Der Körper und seine Bewegungen sind also unserem Philosophen das einzige Objekt der Erkenntnis.

Als Quelle für unsere Erkenntnis der Dinge betrachtet H. die Sinne. Der Annahme angeborener Ideen, die später Locke in weiter Ausführung bekämpft, tritt er mit der einfachen Behauptung entgegen, es gebe keine Vorstellung in dem Geiste eines Menschen, die nicht zuvor ganz oder in ihren Teilen durch die Sinnesorgane aufgenommen worden wäre, alles Übrige sei von dieser Quelle abgeleitet. Damit hat sich H. in der Erkenntnistheorie zum Sensualismus bekannt; derselbe erhält seinen eigentümlichen Charakter aber erst durch die mit ihm verbundenen phänomenalistischen Anschauungen unseres Philosophen. Um diese genauer kennen zu lernen, müssen wir einen Augenblick bei seiner Physiologie verweilen.

Als Mittel nämlich zur Aufnahme von Sinnesempfindungen zählt H. die fünf Sinnesorgane auf. Diese denkt er

sich durch Nerven mit dem sensorischen Centrum, dem Gehirn,
in Verbindung gesetzt, mit welchem auch das Herz, in dem
er das motorische Centrum erblickt, durch feine Kanäle kom-
muniziert. Dies ganze in sich zusammenhängende System
ist bei ihm, wie bei Descartes, von einer eigentümlichen,
feinen Art von Körpern, den spiritus animales, durchflossen.
In ihnen sieht H. die Träger der Wahrnehmungen, ja aller
psychischen Erscheinungen im Innern des Menschen. Des
näheren lehrt er, die erste Ursache jeder sinnlichen Wahrnehmung sei ein mittelbarer oder unmittelbarer Druck auf
die Sinnesorgane, der von Bewegungen ausserhalb derselben
erzeugt werde; dieser bewirke eine Bewegung der spiritus
animales nach Innen und fordere dadurch eine Rückwirkung
des Organs gegen die eindringende Bewegung heraus. Die
hier behauptete rückläufige Bewegung wird dann zu der Ausführung benutzt, dass ihre Richtung nach Aussen das Phan-
tasma einer ausser uns gelegenen Ursache hervorrufe, und
damit die Thatsache erklärt, dass wir die Quelle unserer
Sinnesempfindungen als etwas ausser uns vorstellten. Ihren
besonderen Charakter aber erhalten jene Phantasmen nach
dem Gesetz der spezifischen Sinnesenergien. So würden, lehrt
H., Bewegungen, die das Ohr treffen, als Ton, solche, die
das Auge treffen, als Farbe wahrgenommen, während doch
das einzig Wirkliche eine gewisse Art von Bewegung in den
Objekten sei. Mit der Aufstellung dieser Lehren ist die für
die moderne Philosophie so charakteristische Wendung zum
Phänomenalismus vollzogen. Wir werden den Einfluss derselben in der Lehre von den Werten noch zu erörtern haben;
hier möchten wir als bezeichnend für unseren Philosophen
hervorheben, dass jene Phantasmen, von denen er spricht,
zu einer selbständigen Realität gegenüber den Bewegungen,
mit denen sie zusammenhängen, nicht gelangen, dass vielmehr der Materialismus energisch festgehalten und in der
Behauptung zum Ausdruck gebracht wird, jene Phantasmen
seien Täuschungen, die Vorstellungen bestünden nur in den

Bewegungen der spiritus animales. In diesen Anschauungen
wird H. auch nicht beirrt durch seine eigene phänomena-
listische Auffassung von Raum und Zeit. Im Gegenteil gewinnt er gerade aus dem Umstande, dass wir die Dinge notwendig unter jenen Formen der Anschauung auffassen müssen,
eine Bestätigung seiner Lehre, dass es immaterielle Wesen
nicht geben könne, sondern nur Körper und deren Bewegungen. So hält er denn den Materialismus neben seinen
phänomenalistischen Ansichten durchaus fest. Insbesondere
macht sich derselbe auch in seiner Psychologie geltend; er
zeigt sich hier vorzüglich in der beständigen Identifizierung
der Bewusstseinserscheinungen mit den sie begleitenden Be-
wegungsvorgängen. Wir heben diesen allgemeinen Charakterzug von H.'s Psychologie hier besonders hervor; werden uns
jedoch in der Darstellung ihrer einzelnen Lehren einer grös-
seren Freiheit des Ausdrucks bedienen.

Von der Verknüpfung der Vorstellungen.

Haben wir in den fünf Sinnen die Quelle alles Vor-
stellungsinhaltes gefunden, so fragen wir jetzt nach dem
Organ für die Verarbeitung desselben. Als solches führt H.
in seiner Schrift On human nature einen sechsten Sinn ein,
welcher unsere Vorstellungen selbst zum Gegenstande haben
soll. Insbesondere soll er im stande sein, zu unterscheiden,
ob eine Vorstellung gegenwärtig von ihrem Gegenstand in
uns hervorgerufen wird oder ohne äussere Ursache in uns
wieder entsteht, d. h. ob sie die Vorstellung eines Gegenwärtigen oder Vergangenen ist. Als Kennzeichen für das
Vergangensein wird die geringere Klarheit und Schärfe des
Vorstellungsbildes in Anspruch genommen; die eigentliche
Funktion jenes inneren Sinnes würde demnach in der Vergleichung jener Schärfe und Klarheit zu suchen sein. Aber
diese ganze Lehre von einem sechsten Sinn, in der wir einen
Vorläufer von Lockes „reflexion" erblicken können, wird von

H. nur wenig weiter ausgebaut; hingegen wird der Versuch gemacht, ganz in der Weise der späteren Associationspsychologie die Zusammenhänge unter den Vorstellungen aus ihrer Aufeinanderfolge entstehen zu lassen.

H. führt aus, die Bewegung in den Sinnesorganen, welche die Trägerin einer Wahrnehmung sei, komme nach der Entfernung des Objektes nicht zur Ruhe, werde nur durch das Hinzukommen anderer Bewegungen, die in neuen Sinneseindrücken ihre Ursache hätten, geschwächt. In den so verminderten Bewegungen findet er dann die Grundlage für die Einbildungskraft und das Gedächtnis. Des weiteren lehrt er, unter der Einwirkung des Willens sei jede Vorstellung eines Vorganges im stande, die eines anderen herbeizuführen, der ihm vorangegangen oder gefolgt sei, so dass, wenn unser Wille dabei interessiert sei, wir von einem vorgestellten Vorgang zu seiner mutmasslichen Ursache fortschreiten oder die Wirkungen voraussehen könnten, die irgend eine Sache hervorzubringen vermöge. In dem Wissen über die Vorgänge aber, welche einander voraufzugehen oder zu folgen pflegen, erblickt H. den Inhalt der Erfahrung (experience).

Vom Wissen (science).

Mit seinem Begriff der Erfahrung hat H. Anschauungen vorausgenommen, die später Hume zur Grundlage der Lehre machen sollte, dass es ein sicheres, nicht blos wahrscheinliches Wissen über die Naturvorgänge nicht geben könne. Gleichwohl kommt H. nicht zu diesem Schluss. Die Mathematik, die in jener Zeit des Suchens nach neuen Wegen des Erkennens als das Vorbild einer Wissenschaft von gesicherter Erkenntnisweise galt, hat es ihm angethan. Er glaubt an die Möglichkeit einer Erkenntnis von mathematischer Evidenz auch auf anderen Gebieten. Das Organ für eine solche Erkenntnis nennt er Vernunft. Ihre Bethätigung, meint er, sei geknüpft an das Vorhandensein von sprachlichen Zeichen.

Sie bilde zunächst Sätze, indem sie zwei Begriffe mit einander verbinde nach dem Gesetz, dass der Subjektsbegriff
unter den Prädikatsbegriff fallen müsse, dann operiere sie
mit den aus den Begriffen gebildeten Sätzen weiter. Das
Vorbild für dies Operieren entlehnt H. der Arithmetik, und
so definiert er die Bethätigung der Vernunft als ein Rechnen
mit Begriffen. Natürlich kommt einer solchen Begriffswissenschaft die gleiche Unfehlbarkeit zu, wie der Mathematik;
nur fragt sich, wie sie auf Gegenstände Anwendung finden
soll, — H. erkennt diese Schwierigkeit wohl und scheidet
daher aus dem Gebiet einer möglichen Vernunftwissenschaft
die Geschichte, die Naturbeschreibung und die Theologie aus.
Die ersteren weist er den blossen Erfahrungswissenschaften
zu, von der letzteren behauptet er, sie gehöre gar nicht in
das Bereich des Erkennens, weil ihr Gegenstand, die Gott-
heit, nichts Endliches und also nichts Erkennbares sei. Hingegen bezeichnet H. als Gegenstände, von denen reine Vernunftwissenschaft möglich sei, den Körper, den Menschen und
endlich den künstlichen Körper, den Staat. Wie unser Philosoph zwischen den Wahrnehmungen der Sinne und den Begriffen der Vernunft eine Vermittelung herstellen und so zu
einer rationalen Physik gelangen will, hat Tönnies in der
Vierteljahrsschrift dargelegt. Die Politik und Ethik nimmt
H. für seine rationale Wissenschaft in Anspruch mit der
Begründung, dass wir die in jenen Disciplinen massgeben-
den Begriffe gut und schlecht, recht und unrecht selbst
schaffen, · und es daher nur einer erschöpfenden Bestimmung
jener Begriffe bedürfe, um eine rationale Staatswissenschaft
zu ermöglichen. Im Verfolg dieser Anschauungen ist H. auch
mehr und mehr dazu gelangt, seine Staatstheorie in der That
als eine reine Begriffswissenschaft zu behandeln. Den voll-
endetsten Ausdruck hat diese Denkweise in seinem letzten
politischen Werk, dem Leviathan, gefunden, den wir deswegen
im Folgenden heranziehen werden, wenn wir von H.'s Staatslehre zu handeln haben.

Überblicken wir hiernach H.'s gesamte Erkenntnistheorie,
so springt als der hervorstechendste Charakterzug die eigentümliche Verbindung seines Sensualismus mit einer rationa-
listischen Lehre vom Wissen in die Augen. In jenem erblicken wir ein individualistisches, in diesem ein universa-
listisches Prinzip. Wie oben bemerkt, hat sich H. das Ziel
gesteckt, beide zu vermitteln. Wir werden ihn später in
seiner Staatstheorie an eine ähnliche Aufgabe herantreten
sehen. Für jetzt wenden wir uns unserer vorzüglichsten Aufgabe, der Schilderung seiner Anschauungen vom Individuum zu.

Der Charakter des Individuums.

Wie unser Vorstellungsleben nach H. seine Grundbestand-
teile hat an einzelnen Sinnesempfindungen, so entspringt das
ganze Gefühlsleben des Menschen aus einzelnen Lust- und
Unlustgefühlen. Auf Grund jener Sinnesempfindungen schafft
sich der Mensch ein Bild der Aussenwelt, auf Grund seiner
Affekte greift er handelnd in dieselbe ein. Dabei gestaltet
sich das Verhältnis jener beiden Functionen der Psyche
bei H. so, dass zwar das Vorstellungsleben durch den Willen
gelenkt wird; es selbst aber das Handeln nicht unmittelbar
beeinflussen kann. Vielmehr meint H., Vorstellungen vermöchten auf die Menschen immer nur insofern zu wirken, als
sie von Lust- und Unlustgefühlen begleitet seien. Dass dies
aber stets der Fall sein müsse, nimmt er nicht an; hingegen
hält er die Vernunfterkenntnis für ein Vermögen, welches zu
unseren Affekten in gar keiner Beziehung steht, und so erscheinen die beiden Vermögen des Affekts und der Vernunft
als etwas in jedem Individuum rein nebeneinander Bestehen-
des. Wir werden weiter unten die Bedeutung dieses Dualismus näher kennen lernen und handeln jetzt über H.'s Lehre

von den Affekten, um so einer Erkenntnis seiner Individuen näher zu kommen.

In der Scholastik finden die einzelnen Lust- und Unlustgefühle einen Rückhalt an der Lehre von einem höchsten Gut und irgend welchen den Dingen anhaftenden Unterschieden von gut und schlecht. H. dagegen leugnet einmal, dass es ein höchstes Gut gebe, weil der Mensch in keinem Zustand dauernde Befriedigung finde, sondern von der Erlangung eines Gutes zu dem Wunsch nach einem anderen rastlos fortschreite, und bestreitet ferner, dass die Eigenschaften gut und schlecht als den Dingen anhaftend vorzustellen seien. Vielmehr kommen jene Prädikate nach seiner Ansicht den Dingen nicht an sich, sondern nur in Beziehung auf andere Wesen zu. Diese Relativierung der Werteigenschaften, die unseren Philosophen in so scharfen Gegensatz zu der überlieferten scholastischen Denkweise bringt, ist offenbar eine Folge seiner phänomenalistischen Lehrmeinungen, und in diesem Sinne kann man sagen, dass in H.'s Lehre von den Werten sein Phänomenalismus ein entscheidendes Merkmal ausmache. Gleichwohl liegt hierin noch nicht der wesentlichste Charakterzug seiner Affektlehre. Denn wie bei einer phänomenalistischen Auffassung der Sinnesqualitäten ein allgemeingiltiges Bild der Erscheinungswelt durchaus möglich bleibt, wenn man nur eine gleichartige Organisation der menschlichen Geister voraussetzt, so liesse sich mit der Behauptung, dass die Werteigenschaften den Dingen nur in Bezug auf andere Wesen zukommen, sehr wohl eine Lehre vereinen, nach der dieselben den Dingen ebenso notwendig zugeordnet würden, wie die Sinnesqualitäten. Damit würde dann den Werteigenschaften eine ähnliche Objektivität verliehen sein, wie sie die Sinnesqualitäten besitzen. Aber gerade gegen diese Meinung erhebt H. in oft wiederholten Ausführungen den entschiedensten Widerspruch, und das macht, wie mir scheint, den hervorstehendsten Charakterzug aller seiner phychologischen und ethischen Lehren aus. — Wir werden im Folgenden erkennen, dass jener Widerspruch gegen die Objektivität der Werturteile auf's Innigste zusammenhängt mit der Anschauung von der Menschheit, welche allen Lehren des H. zu Grunde liegt. Zunächst jedoch werfen wir die Frage auf, was denn nun nach seiner Meinung in den Werturteilen und den mit ihnen in Beziehung stehenden Affekten zum Ausdruck komme.

Von dem Verhältnis der Werteigenschaften zu den Affekten und der Funktion der letzteren.

Über den Ursprung der Werteigenschaften und der Affekte hat sich H. mehrfach am Eingang der psychologischen Abschnitte seiner Werke geäussert. Seine hierüber aufgestellten Lehrmeinungen zeigen eine gewisse Mannigfaltigkeit. Betrachten wir dieselben im Folgenden genauer, ohne jedoch den Versuch zu machen, ihre Gegensätzlichkeit in einer vermittelnden Auffassung verschwinden zu lassen.

Die früheste Formel für die Begründung des Affektlebens entnehmen wir jener Arbeit, die Tönnies als Manuscript in dem Britischen Museum vorgefunden hat. Sie lautet: „Gut ist für jedes Ding, was aktive Kraft hat, es räumlich anzuziehen" und „Der Akt des Begehrens ist eine Bewegung der spiritus animales zu dem Gegenstand hin". In dieser Begriffsbestimmung sind die Werteigenschaften das Ursprüngliche und die Affekte ihre Folge. Anders verhält es sich in einer Lehre die neben der eben vorgetragenen in On human nature und im Leviathan auftritt. Dieselbe geht von der oben erwähnten Anschauung aus, dass wie das Gehirn der Träger des Vorstellungslebens, so das Herz das Centrum des Affektlebens sei, und führt dann weiter aus, Sinneseindrücke würden zu Affekten, wenn die Bewegungen, welche sie trügen, sich bis zum Herzen fortsetzten und dort — wie ja notwendig — die Herzthätigkeit (vital motion) förderten oder hemmten. An diese Darlegung wird dann die neue Begriffsbestimmung angeknüpft: angenehm seien jene Erregungen, wenn sie fördernd, unangenehm, wenn sie hemmend auf die Herzthätigkeit einwirken. Hier erscheint also der Affekt als primär, die Werteigenschaft als sekundär. Noch schärfer spricht sich diese Anschauung in de Homine aus; dort wird unter Weglassung jeder physiologischen Begründung des Unterschiedes von Lust- und Unlustgefühlen dargelegt, allen Dingen sei die Bezeichnung „Gut" eigen, insofern sie erstrebt und die Bezeichnung „Uebel" insofern sie vermieden würden. Damit steht es fest, dass H. schliesslich dazu gelangt ist, die Werteigenschaften als den blossen Reflex unserer Affekte zu betrachten.

Was nun nach H. die bestimmende Macht in dem Getriebe des Affektlebens sein soll, lässt sich schon daraus erkennen, dass jene eine Lehre eine direkte Abhängigkeit der Lust- und Unlustgefühle von der zur Erhaltung des Lebens erforderlichen Herzthätigkeit behauptet. Deutlicher aber geht es hervor aus einer Stelle der Schrift de Homine, an der H. als Grundprinzip alles Affektlebens den Satz ausspricht, dass jeder danach strebe, sich wohl zu befinden, und aus diesem Streben den Wunsch der Menschen nach Leben, Gesundheit und Sicherheit herleitet. Danach erscheint der gesamte Mechanismus der Affekte ausschliesslich auf die Erhaltung und Steigerung des Individuallebens gerichtet, und es ergiebt sich daher für uns jetzt die Aufgabe, den Inhalt dieses Individuallebens genauer zu untersuchen.

Der Inhalt der Affekte, ihr individualistischer und deterministischer Charakter.

Wie wir sahen, ist H. schliesslich dazu gelangt zu behaupten, gut sei, was erstrebt, schlecht, was geflohen werde, und die Menschen strebten nach denjenigen Dingen, die ihnen gefielen oder ihnen Lust erweckten, sie vermieden, was ihnen missfiele oder in ihnen Unlust errege. Auf diese Begriffsbestimmung von gut und schlecht werden nun in der ausführlichsten Darstellung, im Leviathan, die anderen Werturteile zurückgeführt. So wird gesagt, die Bezeichnung schön (pulchrum) gäben wir einer Sache, die die Erlangung eines Begehrten in Aussicht stelle, als angenehm höben wir den Besitz eines Begehrten hervor, als nützlich endlich bezeichneten wir das, was geeignet sei, uns etwas Begehrtes zu verschaffen, und dementsprechend werden die entgegengesetzten Werturteile in ihrer Bedeutung bestimmt, so dass jedes billigende Werturteil über eine Sache oder einen Vorgang die Harmonie derselben mit unserem augenblicklichen Begehren, ein missbilligendes die Disharmonie mit demselben zum Ausdruck bringen soll.

Im einzelnen unterscheidet H. zwei Arten von Lustgefühlen, das eine, sagt er, geht ein einzelnes Organ des Körpers an und wird sinnliches, das andere gehört nicht einem einzelnen Teil des Körpers an und wird geistiges Lustgefühl genannt. Sinnliche Lust erregt nach H. insbesondere die Fortpflanzung und die Nahrungsaufnahme. Ursache der geistigen Freude dagegen ist die Harmonie von Tönen oder Farben, vor Allem aber die Bemerkung von etwas Neuem, denn sie erregt in uns, meint H., die Hoffnung auf Bereicherung unseres Wissens über den Kausalzusammenhang der Dinge. Als wesentliche sinnliche Triebe würde H. hiernach den Fortpflanzungs- und den Selbsterhaltungstrieb nennen, ihnen zur Seite aber als Repräsentanten der geistigen Bedürfnisse den Kausalitätstrieb stellen. Und zwar verdient hervorgehoben zu werden, dass H. den letzteren Trieb stark betont. So sagt er von ihm, er unterscheide den Menschen vom Tier ebenso wie die Fähigkeit der Sprache, so führt er ferner die Verschiedenheit in der geistigen Ausbildung der Menschen zurück auf einen Unterschied in der Stärke jenes Triebes. Wird nun auch neben diesen Ausführungen in den psychologischen Arbeiten, in den politischen Schriften unseres Philosophen der materielle Selbsterhaltungstrieb allein betont und zur Grundlage der Betrachtungen über die Notwendigkeit des

Friedens gemacht, so ist der geistige Trieb darum nicht aufgegeben. Denn noch in H.'s letzter Schrift de Homine wird
zwar ganz in der Weise wie in den politischen Werken der
Selbsterhaltungstrieb durch die Bemerkung eingeführt, das
erste aller Güter sei für jeden die Erhaltung seiner selbst,
dann aber wird diese Erhaltung des Lebens nur als die
Grundbedingung für Erreichung des Wohles hingestellt und
hervorgehoben, dass zu diesem auch die Pflege des geistigen
Lebens gehöre. Sagt doch H., die Natur habe den Menschen
begierig gemacht, aller Dinge Ursache zu wissen, und so geschehe es, dass das Wissen gleichsam die Nahrung des Geistes
sei und zu dem Geiste dieselbe Beziehung habe, wie die
Nahrungsmittel zu dem Körper.

Ist durch unsere letzten Ausführungen die Annahme eines
besonderen Erkenntnistriebes bei H. sichergestellt, so scheint
der Inhalt des psychischen Lebens bei ihm im wesentlichen
auf drei von einander unabhängige Faktoren zurückführbar
zu sein, nämlich den Selbsterhaltungs- und Fortpflanzungstrieb
einerseits, den Erkenntnistrieb andererseits. Hierbei muss
jedoch ausdrücklich bemerkt werden, dass wir uns unter jenen
Trieben zunächst nicht Kräfte zu denken haben, die nach
Bethätigung suchen, sondern nur solche, die auf einen gegebenen äusseren Anlass sich geltend machen; denn nach H.
geht jedem Affekt eine Sinnesempfindung voraus, die ihn
veranlasst. — Nach dieser einschränkenden Bemerkung können
wir jene drei Triebe als die Grundfaktoren des psychischen
Lebens bei H. betrachten und werden daher von einer näheren
Behandlung derselben einen Einblick in den Charakter seiner
Individuen erwarten können.

Zunächst verdient hervorgehoben zu werden, dass H.
nicht von jenen verschiedenen Trieben aus die einzelnen
Affekte gewinnt, sondern zu diesem Behufe auf blosse Lust-
und Unlustgefühle gleichgiltig welcher Art zurückgreift. So
lässt er die Gefühle der Lust und Unlust, indem sie sich

gegen ihre Ursache kehren, in Liebe und Hass übergehen, weiter gewinnt er aus jenen Gefühlen zusammengenommen mit dem Vermögen der Menschen, die Zukunft vorzustellen, Hoffnung und Furcht, und aus diesen Affekten wieder lässt er, wenn sie Personen zur Ursache haben, Vertrauen und Misstrauen, wenn sie sich aber auf Sachen beziehen, ein Verlangen nach denselben oder einen Abscheu vor ihnen hervorgehen.

Schon diese uniforme Behandlung aller Arten von Lust- und Unlustgefühlen legt den Gedanken nahe, dass für H. ein prinzipieller Unterschied zwischen den von ihm angenommenen Grundtrieben vielleicht gar nicht vorhanden ist. Und in der That die Anschauung, dass der Fortpflanzungs- und der Erkenntnistrieb nicht wie etwa der Selbsterhaltungstrieb nur Bethätigung eines Individuums sind, sondern in ihrer Wirkung über dasselbe hinausreichen, dass der Fortpflanzungstrieb im Dienste der Gattung wirkt, der Erkenntnistrieb ein allen Menschen notwendig gemeinsames Gebiet des Wissens schafft, und dass so beide Triebe darauf gerichtet sind, das Einzelwesen zum Glied von Gesamtheiten zu machen — diese Anschauung mit allen ihren Folgerungen scheint H. völlig fern zu liegen. Versuchen wir es für diese Vermutung einige Gründe beizubringen.

Über den Fortpflanzungstrieb und die mit ihm zusammenhängende Reihe von Affekten spricht sich H. nur wenig aus. Dass er ihn aber nicht zur Veranlassung nimmt, seine Menschen über rein auf sich gestellte Einzelwesen hinauskommen zu lassen, zeigt seine Besprechung des Familienrechts an jedem Punkt. So gewinnt er das Recht der Eltern, den Kindern zu gebieten, aus der Erwägung, dass diese sich von Anfang an in der Gewalt ihrer Eltern befinden, und leitet die Pflicht der Kinder, den Eltern zu gehorchen, aus der allgemeinen Erwägung her, dass Wohlthaten, wie sie ja die Kinder immer von ihren Eltern erführen, sei es auch nur dadurch, dass man sie nicht umkommen lässt, nicht mit Undank be-

lohnt werden dürften, weil solche Wohlthaten in Erwartung
des Dankes erwiesen würden, und wenn dieser ausbleibe,
auch alles Wohlthun unter den Menschen wegfallen und damit ein friedlicher Zustand unter ihnen unmöglich gemacht
werden würde. Von einer Aufhebung der Natur des Menschen als reines Einzelwesen ist, wie wir sehen, keine Rede.
Der Fortpflanzungstrieb wirkt vielmehr bei H. auf seinen
Träger in keiner Weise zurück und erscheint somit nur als
Lebensäusserung eines Einzelwesens.

Unmittelbarer als über den eben erörterten Trieb spricht
sich H. über den Charakter des menschlichen Erkenntnistriebes aus. Im Leviathan, demselben Buch, in dem H. die
Vernunfterkenntnis auf ein Rechnen mit Begriffen zurück-
führt und ihr zugleich dieselbe Unfehlbarkeit, wie der Arithmetik zuschreibt, wirft er einmal die Frage auf, wie denn in
einem Streit über Vernunftwahrheiten entschieden werden
solle, wo das Recht sei, und beantwortet dieselbe wie folgt:
Die Streitenden müssten einen Schiedsrichter wählen und
dessen Spruch sich bedingungslos unterwerfen; denn wer etwa
sich entgegen dem Schiedsspruche auf die gesunde Vernunft
berufe, handle wie einer, der beim Kartenspiel, nachdem
Trumpf turniert sei, die Farbe als Trumpf wolle anerkannt
wissen, von der er die meisten Karten habe. Wie wir sehen,
tritt an die Stelle des Hinweises, auf den notwendigen
Sieg der unfehlbaren Vernunft eine Auskunft, welche
diktiert ist von den Anschauungen, die seine ganze Staatstheorie durchdringen und in dem Gedanken ihren Ausdruck
finden, dass die Menschheit bestehe aus schlechthin durch kein
gemeinsames Interesse verbundenen Einzelwesen und dass die
einzige Aufgabe der Vernunft an ihnen die sei, den Frieden
unter ihnen zu stiften und aufrecht zu erhalten. Jedenfalls
geht aus jener Entscheidung zur Genüge hervor, dass die
Individuen des H. durch ihren Erkenntnistrieb nicht veranlasst werden, sich als Teilhaber an einem allgemeinen Gute
zu fühlen und dem entsprechend die Neigung haben, sich vor

der Macht der Wahrheit und der Vernunft zu beugen. Diese
Folgerung wird bestätigt durch eine anderweitige Betrachtung,
die H. einmal anstellt. Er führt aus, die Fragen über Recht
und Unrecht seien deswegen so beständig Gegenstand des
Streites, weil von ihrer Entscheidung die Interessen der einzelnen Menschen berührt würden und knüpft daran die Bemerkung, er zweifle nicht, dass wenn der Satz über die Grösse
der Winkelsumme eines Dreiecks dem Interesse der Be-
sitzenden zuwider gewesen wäre, diese Lehre wenn nicht
bestritten so doch durch Verbrennung aller Geometriebücher
würde unterdrückt worden sein, soweit als die Beteiligten es
durchzusetzen vermocht hätten. — Man sieht, der Erkenntnistrieb ist bei H. nur eine Bethätigung des Individuums und
legt demselben keinerlei Verpflichtungen auf. Erinnern wir uns
nun, dass auch der Fortpflanzungstrieb von unserem Philosophen
nicht zur Veranlassung für anderweitige Gedankenbildungen
genommen wird, so gelangen wir zu dem Schlusse, dass H.
durch jene Strebungen die Menschen durchaus nicht zu Gliedern
irgend welcher höheren Gesamtheiten werden, sondern sie
vielmehr durchaus als Individuen bestehen lassen will.

Mit diesen Anschauungen stimmt völlig überein die Art,
in der H. einen für die vorliegende Frage so wichtigen Affekt,
den des Mitleids, bespricht. Er leitet es daraus her, dass der
Anblick fremden Leides in uns die Vorstellung erwecke, dass
uns in der Zukunft Ähnliches zustossen könne. Das Mitleid,
welches die Gefühlswelt des einen im Interesse eines anderen
in Bewegung setzt, erscheint ihm also nicht nur nicht als etwas
Unmittelbares, sondern er lässt es durch die Vorstellung ver-
mittelt und überdies nur dadurch ins Spiel gesetzt werden, dass
rein egoistische Befürchtungen entstehen. Die Individuen bleiben also hiernach reinlich gesondert, es fühlt der eine für den
anderen nur, insofern er sich selbst irgendwie bedroht glaubt.

An der ausschliesslich individualistischen Natur von H.'s
Menschen ist nach dem Vorhergehenden nicht mehr zu zwei-

feln. Die Menschheit bildet ihm kein Ganzes, sie zerfällt ihm
auch nicht in eine Reihe natürlicher Gesamtheiten; sondern
sie besteht für ihn allein aus reinen Einzelwesen. Dabei
zerfällt ihm aber die Welt nicht in blosse Einzeldinge. Wie
seine Zeit, so ist auch er beherrscht von der Idee einer alles
umfassenden Einheit, der Einheit des Naturganzen. Sie kommt
bei ihm zum Ausdruck in der Lehre von dem strengen Kausalzusammenhang aller Ereignisse, die menschlichen Willens-
entscheidungen eingeschlossen. Er führt aus, alle Dinge
erweckten notwendig in uns bestimmte Lust- oder Unlustgefühle; jene hätten ein Begehren, diese ein Vermeiden zur
notwendigen Folge. Stelle dieselbe Sache sowohl angenehme
als unangenehme Gefühle in Aussicht, so schwankten wir von
der Begierde zur Abneigung hin und her, bis wir schliesslich
uns entschieden, je nach dem dies oder jenes Gefühl über-
wöge. Den letzten Akt dieser Erwägung nennt H. dann
Willen. Es ist klar, dass derselbe ihm hiernach etwas ebenso
streng notwendig Bedingtes sein muss, wie jeder einzelne
Affekt, und so bekennt er sich denn auch, wie schon oben
gesagt, zu dem entschiedensten Determinismus. Wird nun
durch diesen jeder einzelne Affekt, jede einzelne Entschliessung
des Menschen in den einheitlichen Zusammenhang des Naturganzen eingefügt, so wird zu gleicher Zeit das überlieferte
Einheitsprinzip der Persönlichkeit, der freie, vernünftige Wille
beseitigt, und so erscheinen jene reinen Einzelwesen, auf die
H. die Menschheit reduziert hat, vorerst als blosser Schau-
platz momentaner Lust- und Unlustgefühle, und es drängt sich
die Frage auf, wie aus jenen Individuen einheitlich ge-
schlossene Persönlichkeiten werden sollen. H. beantwortet
diese Frage, wie wir im Folgenden des näheren sehen werden
durch die Einführung seines Begriffes der Macht (power)
eines Menschen. An diesen schliesst sich dann weiter die
Erörterung seines Begriffes von Ehre und Wert an, so dass
wir bei Besprechung desselben auch einen Einblick in den
Zusammenhang seiner individualistischen Auffassung der

Menschheit und jener oben erörterten völligen Bestreitung objektiv giltiger Werturteile werden thun können.

Die höheren Affekte, die Begriffe der Ehre und des Wertes.

Um zu seinem Begriff der Macht eines Menschen zu gelangen, greift H. zurück auf seine Lehre von der Erfahrung, die wir oben kurz skizziert haben. Er sagt, an der Hand der Erfahrung seien wir im stande, Annahmen über die Zukunft zu machen, so schlössen wir darauf, dass wir etwas Bestimmtes durchführen könnten, wenn wir erfahren hätten, dass wir die Kraft besässen, welche erforderlich ist, es zu bewirken. Die den Menschen innewohnenden Kräfte nun sind der Ausgangspunkt seiner weiteren Gedanken. Sie alle fasst er zu einer Einheit zusammen zu dem, was er als die Macht jedes Einzelnen bezeichnet, und lässt dann aus der Vorstellung der Wirkungen, welche der Inbegriff der Kräfte eines Menschen haben kann, das Machtgefühl (glory) hervorgehen. Wir müssen es uns versagen, bei der Art der Herleitung dieses Affektes hier länger zu verweilen, obgleich dieselbe für H.'s Denkweise in einer gewissen Beziehung äusserst bezeichnend ist, und wenden uns jetzt dazu, die Funktion zu erörtern, die jenem Affekt im Zusammenhang von H.'s Psychologie zukommt. Zunächst erscheint uns derselbe als die Ursache aller Aktivität in den Menschen; denn nur das Verlangen, das Gefühl der Macht zu steigern, vermag die Individuen des H. über den Zustand des blossen Reagierens auf die Sinneseindrücke zu erheben und zu Trägern wirklicher Strebungen zu machen. Dann aber erkennen wir in dem Machtgefühl des Einzelnen selbst sein Persönlichkeitsgefühl und in seinem notwendigen Streben, seine Macht zu erhalten und zu steigern, das von uns gesuchte Einheitsprinzip des Individuums. Versuchen wir im Folgenden, die hier ausgesprochenen Behauptungen zu be-

legen, und beschäftigen wir uns zu diesem Zweck zunächst
mit dem Inhalt von H.'s Machtbegriff!

Unter der Macht eines Menschen versteht H. den Inbegriff aller der Kräfte, welche den oben aufgezeigten Grundtrieben seiner Menschen zu dienen vermögen. So zählt er
der Macht alle körperlichen Vorzüge zu wie Stärke und
Schönheit, jene, weil sie Sicherheit der Person gewährleiste,
diese, weil sie die Fortpflanznng begünstige. Aber auch die
geistigen Vorzüge gehören hierher, ausdrücklich werden
Klugheit, Beredsamkeit, Kenntnisse und Kunstfertigkeiten
angeführt, weil sie teils an sich ein Zeichen ausserordent-
licher Fähigkeiten seien, teils wie die Beredsamkeit dazu
dienen können, Einfluss auf Andere auszuüben. Endlich fügt
H. all diesen den Einzelnen anhaftenden Vorzügen noch die
durch dieselben erworbenen Güter als da sind: Reichtum,
Ruf und Freunde hinzu. So hat er denn alles zusammenge-
fasst, was bei ihm den Inhalt einer Persönlichkeit ausmachen
kann, und wir werden daher das Gefühl, welches in dem Inbegriff jener Dinge seine Ursache hat, mit dem Persönlichkeitsgefühl identificieren können.

Aus diesem Gefühl gehen dann auch alle Affekte hervor, welche sich auf die Stellung des gesamten Menschen
in der Welt beziehen. Als verschiedene Stärkegrade des
Machtgefühls ergeben sich zunächst die verschiedenen Ge-
müthslagen, deren H.'s Menschen fähig sind. Es sind dies —
in ihrer Benennung, wie H. meint, nur durch den subjek-
tiven Standpunkt des Beurteilers gefärbt — Stolz und be-
rechtigtes Selbstgefühl, Demut und Niedrigkeit. Ferner
fliesst neben den einzelnen Affekten des Mutes und des
Zornes aus dem Machtgefühl die Gesamthaltung, die der
Mensch in der Erstrebung seiner Ziele beobachtet. So hat
das Gefühl grosser Kraft bei einem Manne Gleichgiltigkeit
gegen das Urteil und den Widerstand der Anderen zur Folge
und zeigt sich deswegen in völliger Offenheit in Betreff
seiner Ziele (magnanimity). Schwäche dagegen verrät sich

in der Abhängigkeit von dem Urteil der anderen und in einer Benutzung von allerlei Kunstgriffen, die geeignet sein möchten, sie zu täuschen (pusillanimity). Endlich wird auch die dauernde Stellung der einzelnen Persönlichkeiten zu einander wesentlich durch die Affekte bestimmt, die aus der Rückwirkung des Machtgefühls entstehen. So geht aus der Vergleichung unserer Erfolge mit denen eines anderen Wetteifer hervor, wenn wir hoffen, ihm gleichzukommen, wohingegen wir Neid fühlen, wenn die Grösse seiner Erfolge in uns den Wunsch erweckt, es möge ihm ein Unheil zustossen. — Hiernach bestimmt bei H. das Machtgefühl den Grundton in den Gemütsbewegungen der Individuen und kann daher als das Einheitsprincip derselben in Anspruch genommen werden.

An den Unterschied der Macht knüpft nun H. einen Wertunterschied. Er sagt, Anerkennung der Macht sei ehrenvoll, Nichtanerkennung schmachvoll. Um den Sinn seiner Worte völlig ausser Zweifel zu setzen, fügt er an einer Stelle hinzu, es sei dabei ohne Belang für die Frage der Ehre, ob eine Handlung gerecht oder ungerecht sei, wenn sie nur gross und schwierig sei und daher ein Zeichen von vieler Macht. Als Beispiel einer ungesetzlichen und doch ehrenvollen Handlung führt er dann weiter das Duell an, das als ein Zeichen von Mut so lange ehrenvoll bleiben werde, bis denen Ehre bezeugt werde, die eine Herausforderung zurückweisen und Schande diejenigen treffe, die sie schicken. Es ist also nach H. die blosse Grösse der geistigen und körperlichen Vorzüge, welche geehrt wird.

Veranschaulichen wir uns jetzt die Rückwirkung, die nach H. das Vorhandensein eines Menschen von grosser, Macht auf Seiten der anderen hervorruft! Sie ehren ihn sagt er, d. h. sie verraten in ihren Handlungen, dass sie seine Macht, ihnen zu schaden oder zu nützen, kennen, oder aber dass sie ihn für weise, beredt oder witzig halten. Die

Macht sich selbst gegenüber erkennen sie an, indem sie den
anderen um Hilfe bitten, sich für ihn bemühen, ihm Platz
machen, zu ihm achtungsvoll sprechen, vor ihm in besonderer
Weise erscheinen. Der geistigen Macht eines anderen dagegen huldigen sie, indem sie seinen Rat oder seine Rede
anhören, sein Urteil billigen und sich deshalb seiner Meinung
anschliessen, ihn um Rat fragen oder bei schwierigen Ge-
schäften sich seiner Hilfe bedienen.

So sehen wir H. alle einzelnen Akte des Ehrens als
natürliche Wirkungen der Macht des Geehrten gewinnen.
Erinnern wir uns nun jener Behauptung des H., dass Werturteile einen objektiven Inhalt gar nicht haben können, so
werden wir geneigt sein, hier die Frage aufzuwerfen, ob er
mit jenen äusseren Zeichen irgend eine objektive Würdigung
begleitet denkt, ob nach seiner Meinung die von uns er-
kannte Macht eines anderen als solche abgesehen von jeder
Vergleichung mit der unsrigen eine beständige Grundstim-
mung ihm gegenüber zur Folge haben könne, welche etwa
dem Kraftgefühl entspräche, in dem sich jeder seiner eigenen
Macht bewusst wird.

H. hat diese Frage direkt nicht beantwortet. Aber er
schreibt jedem Menschen einen seiner Macht und damit seiner
Ehre entsprechenden Wert zu und knüpft an diesen Begriff
mannigfache Erörterungen. Dieselben haben nicht überall
genau denselben Charakter, aber sie setzen völlig ausser
Zweifel, zu welchem Standpunkt sich H. in unserer Frage
schliesslich bekennt. In der Schrift On human nature wird
der Begriff des Wertes eingeführt durch die Bemerkung, die
Summe aller Kräfte eines Mannes sei sein Wert. Denn so
viel sei eine Sache wert, wie Jemand für die Benutzung
ihrer Kraft geben würde. Zugleich werden die Begriffe
Macht (power) und Wert (value) als gleichbedeutend gebraucht, so dass man versucht ist, den Wert als etwas Be-
ständiges nicht von äusseren Umständen Abhängiges zu
denken. Im Gegensatz hierzu folgt aber in der späteren

Schrift, dem Leviathan, auf jene Einführungserklärung die Bemerkung, der Wert des Menschen sei keine absolute Grösse, sondern hänge ab von dem Bedürfnis und dem Urteil eines anderen, und als sollte gar kein Zweifel darüber bestehen bleiben, dass der Wert eines Menschen von H. als eine rein relative, von den augenblicklichen Umständen abhängige Grösse gedacht ist, fährt der Leviathan fort, ein fähiger Feldherr habe einen grossen Preis in der Zeit eines gegenwärtigen oder drohenden Krieges, ein gelehrter und unbestechlicher Richter sei viel wert in Friedenszeiten, aber nicht so viel in Kriegszeiten. Im Leviathan ist also mit aller Entschiedenheit betont, dass der Wert eines Menschen nicht als eine beständige, sich gleichbleibende, sondern als eine wesentlich vom Bedürfnis der anderen abhängige Grösse zu denken sei. Damit ist die oben aufgeworfene Frage in verneinendem Sinne entschieden; es giebt nach H. keine wirkliche Wertschätzung eines Menschen durch den anderen.

Irren wir nicht, so liegt der Grund für diese entschiedene Ablehnung eines beständig dauernden Wertes des Einzelnen in der Erwägung, dass aus dem dauernden Wertunterschied der Menschen dauernde und dabei von der staatlichen Autorität unabhängige Gewalt naturgemäss hervorgehen müsste. Unterstützt wird diese Meinung einmal durch die eigentümliche Art in der H., wie wir sehen werden, den Machtunterschied der Menschen für die staatstheoretische Betrachtung überhaupt beseitigt, dann aber auch durch eine Erörterung im Leviathan. Dort wird aus den besonderen Fähigkeiten, die jemand besitzt, gefolgert, dass er für die betreffende Thätigkeit, z. B. die Führung eines Heeres, die Ausübung des Richteramtes am meisten geeignet sei, und es wird ihm dann weiter eine entsprechende besondere Würdigkeit beigelegt — die allerdings wiederum von seinem Wert unterschieden wird — dann aber wird ausdrücklich geleugnet, dass aus diesen Fähigkeiten jemandes zu einem Amte und der damit verbundenen Würdigkeit irgend welches Anrecht auf das Amt folge. Denn ein solches Anrecht, sagt H., und das verrät die Beziehung dieser Erörterung zu seiner Politik, setze Rechtsübertragung durch ein Versprechen voraus.

Erscheint hiernach die Lehre vom Wert durch die staatstheoretischen Anschauungen unseres Philosophen beeinflusst, so befindet sie sich gleichwohl in vollem Einklang mit seiner psychologischen Grundansicht. — Wie wir sahen, werden H.'s Menschen im wesentlichen geleitet durch die Grundtriebe der Selbsterhaltung, der Fortpflanzung und des Erkennens. Die beiden letzteren Strebungen haben, wie wir des genaueren darzulegen versuchten, bei H. nicht die Wirkung, die Individuen über sich hinauszuheben und in den Dienst irgend welches höheren Prinzips zu stellen, sie sind vielmehr lediglich Lebensäusserungen eben jener Individuen. Danach sind die Menschen des H. rein auf sich gestellte Einzelwesen, deren einziges Ziel die Erhaltung und Steigerung ihrer Lebensthätigkeit ist, und so ergiebt sich in der That ganz naturgemäss jene Anschauung, dass für sie der Wert anderer, wie der Preis einer Ware nur abhängen kann von ihrem eigenen jeweiligen Bedürfnis, dass sie aber einer eigentlichen Wertschätzung anderer nicht fähig sind.

Von dieser Stelle fällt nun ein helles Licht auf die zu Anfang dieses Abschnittes angeführte Behauptung des H., dass den Werteigenschaften objektive Giltigkeit nicht zukomme. Dieselbe bezieht sich nicht sowohl auf die Dinge, denn H. zählt selbst eine ganze Reihe von solchen auf, die allen Menschen als Güter erscheinen, sondern sie geht wesentlich auf die Würdigung eines Menschen durch den anderen. Eine solche kann aber nach H. objektiven Inhalt nicht haben. Denn, was dem Einzelnen für sich wertvoll ist, die Behauptung und Steigerung seiner Macht, ist für jeden anderen völlig gleichgiltig; es bewegt ihn nur, insoweit seine eigenen

Interessen ins Spiel kommen, nur diese sind massgebend für sein Urteil über den anderen. So geht aus dem bis zur äussersten Konsequenz entwickelten Individualismus die Unmöglichkeit objektiver Urteile über Wert und Unwert hervor. In engem Zusammenhang mit dieser scharf durchgebildeten individualistischen Auffassung der Menschennatur steht nun auch jener Dualismus der Vernunft und des Affektes, den wir am Eingang von H.'s Psychologie kennen lernten. Denn die Individuen unseres Philosophen könnten jene reinen Einzelwesen nicht bleiben, wenn das universale Vermögen der Vernunft Einfluss auf ihr Fühlen und Wollen besässe. Dass dies nach H. nicht der Fall ist, werden wir bei Behandlung der Lehre von der Moral des Näheren darlegen und damit erst den Atomismus in H.'s Anschauungen von der Menschheit voll zum Ausdruck kommen sehen. Für jetzt müssen wir uns der Darstellung seiner staatstheoretischen Lehren zuwenden, in deren Zusammenhang allein seine Moral eine Bedeutung besitzt. Wir werden dabei unser Augenmerk vorzüglich auf den Einfluss zu richten haben, den hier seine individualistische Grundansicht gewonnen hat.

Das Individuum und der Staat.

Der Aufbau der Politik des H. schliesst sich durchaus an die Formen an, in denen seit Jahrhunderten die Theorie vom Staate vorgetragen zu werden pflegte. Es wird daher zweckmässig sein, diese herkömmliche Lehrweise in ihren Grundzügen zu skizzieren. — Wie des näheren von Gierke in seinem Werk über Joh. Althusius dargelegt worden ist, hatte sich seit Ende des 13. Jahrhunderts die Ansicht durchgesetzt, Rechtsgrund aller Herrschaft sei freiwillige und vertragsmässige Unterwerfung der beherrschten Gesamtheit. Von dieser Grundvoraussetzung ausgehend, bildete man die Lehre von einem vorstaatlichen Zustande aus, den man den Natur-

zustand nannte. In diesem, nahm man an, bestehe kein
Herrschaftsverhältnis, vielmehr seien die Menschen gleich,
auch gelte keinerlei gesetztes Recht, nur besässen die Menschen kraft ihrer vernünftigen Natur ein Bewusstsein von
Moral und natürlichem Recht. Aus diesem staatlosen Zustand liess man dann durch einen Willensakt der Menschen
den Staat als das Mittel zu einem geordneten und gesicherten
Dasein hervorgehen und zwar lehrte man, das Volk vereinige
sich durch einen Vertrag zu einer universitas und das so geschaffene Rechtssubjekt schliesse mit dem späteren Herrscher
einen an gewisse Bedingungen geknüpften Unterwerfungsvertrag. Die Verbindlichkeit der Verträge selbst aber gewann
man aus dem natürlichen Recht, welches als Quelle und
Mass alles staatlich gesetzten, positiven Rechtes galt. Als
Ursache der Begründung nahm man die vernünftige, staat-
bildende Natur des Menschen in Anspruch. Ausserdem wurde
diese Lehre mit dem Gottesbegriff in mannigfache Beziehung
gesetzt. H. schliesst sich mit seiner Darstellung dem Herkommen sogar in diesem letzten Punkte an. Wir können
indessen seine diesbezüglichen Erörterungen hier völlig beiseit lassen und den Staat des H. in unseren weiteren Unter-
suchungen als etwas rein Weltliches betrachten, da jene Ausführungen sämtlich nur einen Anhang zu seinen Theorien bilden,
dieselben aber nirgends beeinflussen. Im übrigen werden wir
den eben skizzierten Aufbau der Staatstheorie der Anordnung
der weiteren Erörterungen zu Grunde legen und demgemäss
zunächst untersuchen, wie sich H's. Lehren vom Naturzustand zu
seiner individualistischen Grundansicht verhalten, um uns später
dieselbe Frage mit Bezug auf seine Lehre vom Moralgesetz,
vom Staatsvertrag und vom staatlichen Zustand vorzulegen.

Der Naturzustand.

H. beginnt seine Darstellung des Naturzustandes damit,
dass er den Machtunterschied der Menschen, den er in seinen
psychologischen Schriften zum Ausgangspunkte für die Er-

klärung von Ehre und Ehrenbezeugungen genommen hat, für
die politischen Erörterungen beseitigt und an ihre Stelle die
herkömmliche Lehre von der Gleichheit der Menschen setzt.
Hierin verrät sich zuerst die Diskrepanz, die zwischen dem
Aufbau seiner Staatstheorie und den Lehren seiner Psychologie besteht. Es ist bezeichnend, in welcher Weise
unser Philosoph jene Gleichheit der Menschen begründet.
Er führt aus, die Machtunterschiede zwischen den
Menschen seien gering, ja schliesslich vermöge doch jeder
jedem anderen das grösste aller Übel, den Tod, zuzufügen,
welche aber das Grösste vermöchten, vermöchten Gleiches,
mithin seien die Menschen von Natur an Macht gleich. An
die so gewonnene Gleichheit aller schliessen sich, wie üblich,
weitere Erörterungen über den Naturzustand an, nur dass
dieselben ganz so von den herkömmlichen Darstellungen ab-
weichen, wie die Psychologie des H. von der überlieferten.
Er lehrt, die Menschen würden durch die Begierde mehrerer
nach einer Sache und durch den geistigen Wettstreit notwendig zu Feinden von einander, ein Krieg aller gegen alle
sei die Folge, und eben in diesem Krieg bestehe der Naturzustand der Menschheit. Nach diesen Ausführungen, die den
Einfluss von H. individualistischer Psychologie deutlich verraten, wendet er sich zu der Besprechung des natürlichen
Rechts. Er sagt, in jenem Zustand des Krieges sei es ein
Gebot natürlicher Vernunft, dass man alles thue, um seinen
Leib zu schützen, und indem er dann wiederum ganz dem
Herkommen gemäss das Gebot der Vernunft mit dem Natur-
recht identificiert, kommt er zu einer Formel, die jeden in
der Natur der Dinge begründeten Unterschied von Recht und
Unrecht leugnet und so auf dem Gebiete des Rechts die sub-
jektivistische Konsequenz des reinen Individualismus zieht.
Er lehrt, jeder habe ein Recht auf alles, und keiner ein aus-
schliessliches auf irgend etwas. Bei diesem Inhalt des Naturrechts wird es ihm nicht schwer, den üblichen Nachweis zu
führen, dass dasselbe zur Sicherung der Menschen nicht aus-

reiche, und damit den Übergang zu machen zu den Moral-
gesetzen, als Grundlagen für einen anderweiten Zustand. Er
führt aus, in der allgemeinen Unsicherheit gebiete die Vernunft, nach Frieden zu streben, wenn er zu erlangen sei,
sonst nach Bundesgenossen. Als Vorbedingung für einen
friedlichen Zustand erscheint dann die Aufgebung des Rechtes
auf alles, und weiter wird als Erforderniss für die Begründung und Aufrechterhaltung jenes Zustandes eine ganze
Reihe von Geboten der Vernunft hergeleitet und so ein Kodex
der Moral gewonnen.

Überblicken wir jetzt die gesamte Lehre des H. vom
vorstaatlichen Zustand, so erkennen wir, dass dieselbe gegenüber der herkömmlichen Lehre ihr eigentümliches Gepräge
erhält durch die energische Geltendmachung der individualistischen Grundanschauungen unseres Philosophen. Dagegen
müssen wir in dem hier auftretenden Begriff der Vernunft
als Quelle des Naturrechts und der Moralgesetze ein Element
von anderem Charakter erblicken. Wir werden daher bei
diesem Begriff und den aus ihm gewonnenen Moralgeboten
etwas länger verweilen, um zu entscheiden, in wieweit die
Individuen des H. einerseits jene Gebote mitbestimmt und
andrerseits ihnen gegenüber ihren Charakter behauptet haben.

Die Moral.

Gegenüber dem im Vorigen aufgetretenen Begriff von
Vernunftgeboten, erinnern wir uns zunächst daran, dass die
Vernunft ursprünglich bei H. als ein rein intellektuelles Vermögen bestimmt ist, nämlich als die Fähigkeit, mit Begriffen
zu operieren. Daraus ergiebt sich, dass sie als solche gar
nicht Quelle von Geboten sein kann, und wir schliessen daher,
dass H. mit dem Begriff der Vernunft eine Umformung vor-
genommen haben muss. Dies hat er in der That gethan,
nur ist er sich darüber nicht völlig klar geworden, zum
mindesten hat er sich nicht deutlich darüber ausgesprochen.
Versuchen wir es, einiges Licht in diese Sache zu bringen!

H. führt in seinen politischen Schriften mehrfach aus,
in den Gefahren des Krieges aller gegen alle werde jeder
nach dem Gesetze seiner Natur getrieben alles zu thun, um
sich vor dem schrecklichsten natürlichen Übel, dem Tode, zu
retten, es sei daher nicht gegen die Vernunft, dass er sich
aller Mittel bediene, um gewaltsamen Tod von sich abzu-
wenden. Weiter sagt er, Vernunft gehöre nicht weniger als
Leidenschaft zur Menschennatur und sei dieselbe bei allen
Menschen, weil alle Menschen darin übereinstimmten, geleitet
und geführt werden zu wollen zu dem, was sie zu erreichen
wünschten, nämlich ihr eigenes Wohl, und dies sei die Aufgabe der Vernunft. Diesen Äusserungen unseres Philosophen
liegt offenbar der Gedanke einer praktischen Vernunft zu
Grunde, die aus einem Zusammenwirken des Selbsterhaltungs-
triebs und der theoretischen Vernunft hervorgeht, und zwar
hat es den Anschein, als ob der Selbsterhaltungstrieb die
leitenden Gesichtspunkte für die Gebote der Vernunft her-
geben und dieser selbst nur die Aufgabe bleiben soll, die
allgemeinen Bedingungen festzustellen, unter denen die Erhaltung der Menschen am besten gesichert ist. Allein diese
Verteilung der Funktionen an Vernunft und Selbsterhaltungstrieb, wonach jene die Form, dieser den Inhalt der Vernunftgebote hergäbe, wird von H. nicht durchaus aufrecht erhalten. Hier wenden wir uns zunächst einer Erörterung derjenigen Pflichten zu, die unser Philosoph rein aus dem Selbsterhaltungstrieb gewinnt, und behalten das übrige Gebiet der
Moral einer späteren Betrachtung vor.

Nur auf den Selbsterhaltungstrieb stützt H. zuvörderst
seine Lehre von den egoistischen Pflichten. So weist er
darauf hin, dass Tapferkeit ein Gebot der Vernunft sei, weil
sie Rettung aus Gefahr verspreche, dass Pflege der geistigen
Fähigkeiten vernünftig sei, weil sie Macht und deswegen
Schutz gewähre, dass Mässigkeit geboten sei, weil sie die
Kräfte des Geistes gesund erhalte. Jedoch verweilt H. nicht

lange bei diesen Ausführungen, weil es ihm nur auf die Gewinnung der altruistischen Pflichten ankommt, deren er für
seine Lehre vom Staatsvertrag bedarf. Als Grundlage für
jene Pflichten nimmt H. die oben angeführten Sätze, dass
jeder nach Frieden streben solle, wenn derselbe erreichbar
sei und den weiteren, dass man das natürliche Recht auf
alles nicht behalten dürfe, sondern einen Teil seiner Rechte
auf andere übertragen müsse. Aus diesen beiden Grund-
sätzen leitet er dann seine altruistischen Pflichten her. Dieselben lassen sich nach ihrer Begründung in zwei Gruppen
trennen, in die des Wohlwollens und die des Rechtes.

Als Forderungen des Wohlwollens können alle diejenigen
Gebote bezeichnet werden, die unmittelbar auf die Förderung
des Friedens gerichtet sind. Da ergiebt sich die Pflicht, den
Anstoss zum Kriege zu vermeiden, indem man die anderen
als gleich anerkennt (modestia) und aus ihr als weitere Folgerung die Pflicht, anderen ebensoviel Recht zuzugestehen,
wie man für sich selbst in Anspruch nimmt (acquitas). Ferner
wird, damit ein begonnener Zwiespalt sich nicht notwendig
verewige, die Neigung zur Versöhnung mit dem reuigen und
für die Zukunft Sicherheit gewährenden Gegner gefordert.
Endlich wird, als diejenige Willensrichtung, die für einen
friedlichen Zustand besonders geeignet ist, die Hilfsbereit-
schaft (caritas) genannt. — Wie wir sehen, empfangen diese
Pflichten, wie die rein egoistischen, ihren Inhalt allein von dem
Selbsterhaltungstrieb. Bei den Forderungen des Rechts ist
dies nicht durchweg der Fall, wir verschieben daher unserem
Plan gemäss die Erörterung derselben und wenden uns jetzt
der Frage zu, wodurch H.'s Menschen bewogen werden mögen,
die besprochenen Tugenden zu üben.

Eine Antwort auf diese Frage finden wir nur in den
psychologischen Teilen von H.'s Schriften. In diesen aber
wird nirgends auf die allgemeinen Regeln eines vernünftigen
Lebens Bezug genommen: vielmehr wird etwa ausgeführt,
Tapferkeit werde geehrt, Unmässigkeit habe unmittelbar un-

L.   3

angenehme Folgen und könne auch das Ansehen schädigen:
und somit wirke der Ehrtrieb zur Erfüllung der egoistischen
Pflichten. Aber auch das Wohlwollen hat bei H. seine Ursache nur in dem Streben der Menschen nach Ehre und
Machtgefühl. So sagt H. im Leviathan, Vernachlässigung
der Billigkeit sei unehrenhaft, wohingegen er Handlungen,
die aus Billigkeit hervorgehen und mit Verlust verbunden
sind, als Grossherzigkeit (magnanimity) preist und damit als
ehrenvoll in Anspruch nimmt. Wie die Billigkeit, so gewinnt H. auch die Versöhnlichkeit als Ausfluss des Machtgefühls. Denn in de Homine bezeichnet er es als schön, dem
um Verzeihung Bittenden zu verzeihen, weil das ein Zeichen
von Selbstvertrauen sei, und als wollte er gar keinen Zweifel
darüber bestehen lassen, dass es nur die sich offenbarende
Macht ist, welche ihm als des Lobes würdig erscheint, fügt
er hinzu, Feinde durch Wohlthaten zu besänftigen sei schimpf-
lich, denn es sei ein Zeichen von Bedürftigkeit (indigentia).
Erkennen wir schon in diesen Lehren den mächtigen Einfluss
von H's. individualistischer Psychologie, so tritt derselbe noch
unverhüllter in der Vergewaltigung zu Tage, die H. an dem Begriff der christlichen Nächstenliebe (caritas) ausübt, wenn er an
ihn die Bemerkung knüpft, es könne für einen Menschen keinen
gewichtigeren Beweis für seine eigene Macht geben, als sich im
stande zu fühlen, nicht allein seine eigenen Wünsche zu be-
friedigen, sondern auch andere in den ihrigen zu unterstützen,
und in dieser Vorstellung bestehe die Nächstenliebe.

Hiernach ergiebt sich, dass H. nicht nur die egoistischen
Tugenden seiner Individuen, sondern auch das wohlwollende
Verhalten derselben gegen andere als Bethätigung ihrer Macht
und ihres Strebens nach Machtgefühl betrachtet. Er hält
demnach seine individualistische Grundansicht streng fest,
ergänzt sie aber durch den Gedanken, dass Grossherzigkeit
und Billigkeit die natürlichen Eigenschaften von Menschen
seien, die sich ihrer Kraft bewusst sind, ja dass jene Tugenden nur die natürlichen Äusserungen eben jener Kraft seien,

wohingegen Neid, Falschheit und Betrug als die Folge von
Schwäche und Ohnmacht erscheinen. Dieser optimistische
Zug in seiner Lebensauffassung also macht es dem H. ver-
ständlich, dass seine Individuen sich wohlwollend zeigen, nicht
der Gedanke, dass sie den Geboten der Vernunft um ihrer
selbst willen gehorchen könnten. Untersuchen wir jetzt, ob
es sich mit den Forderungen des Rechts anders verhält!

Wie schon oben angedeutet, spielt die Vernunft auf dem
Gebiet der Rechtsforderungen eine selbständigere Rolle gegenüber dem Selbsterhaltungstrieb, als bei den bisher erörterten
Pflichten. Bei Herleitung dieser stand sie durchaus im Dienste
des Selbsterhaltungstriebes, von dem sie den Inhalt für ihre
Gebote entnahm, auf dem Gebiete des Rechts erlangt sie eine
Beziehung zu den aufgestellten Forderungen selbst. Sehen
wir etwas näher zu! — Nach H. haben die Worte, gerecht
und ungerecht, wie alle Ausdrücke, die Werteigenschaften
bezeichnen, ursprünglich gar keinen Inhalt. Sie bekommen
einen solchen erst dadurch, dass ein Vertrag geschlossen wird,
dann sind sie gleichbedeutend mit vertragsmässig und ver-
tragswidrig. Nun führt H. einerseits aus, nur vertragstreue
Menschen könnten dauernd in Frieden mit einander leben,
und begründet so die Pflicht der Vertragstreue, welche bei
ihm allen Rechtspflichten zu Grunde liegt, ganz wie die
übrigen Vernunftgebote als ein Mittel zur Selbsterhaltung.
Daneben aber geht die Erwägung einher, jeder Vertrags-
bruch enthalte einen Widerspruch, ein solcher aber wider-
streite an sich der Vernunft, also sei es ein Gebot der Vernunft, Verträge zu halten. So wendet sich H. gegen die zu
seiner Zeit viel verfochtene Behauptung, dass man Verträge
nicht gegen alle zu halten brauche z. B. nicht gegen Ketzer
mit folgender Ausführung. Wer einen Vertrag schlösse,
leugne, dass diese Handlung nichtig sei (frustranea), und es
sei gegen die Vernunft, wissentlich etwas Nichtiges zu thun;
wenn ebenderselbe nun meine, der Vertrag brauche nicht

gehalten zu werden, so behaupte er eben dadurch, dass jener
Vertrag nichtig sei; wer also mit jemandem einen Vertrag
schlösse, dem Treue zu halten er sich nicht für verbunden
erachte, behaupte zugleich, dass der Vertrag nichtig sei, und
dass er es nicht sei, und dies sei absurd. Es müsse also
jedem Menschen entweder Treue gehalten oder ein Vertrag
mit ihm nicht geschlossen werden d. h. man müsse mit jedem
erklärten Krieg oder sicheren und treu gehaltenen Frieden
haben. Solche Darlegungen finden sich vielfach, überall
wird Ungerechtigkeit als ein innerer Widerspruch, als eine
Absurdität bezeichnet. Danach erscheint allgemein Widerspruchslosigkeit in den Lebensäusserungen des Individuums
als die Forderung der Vernunft, die neben der Zweck-
mässigkeit für die Selbsterhaltung den Pflichten des Rechts
zu Grunde liegt.

Nach diesen Ausführungen sollte man erwarten, dass
jetzt der strikte Individualismus des II. zu Gunsten einer
Idee der inneren Konsequenz werde durchbrochen werden.
Allein dies geschieht nicht, und darin zeigt sich die grund-
legende Bedeutung jenes Dualismus von Vernunft und Affekt
in seinen Menschen für die gesamte Natur derselben. Denn
wenn ihm auch einmal die Äusserung entschlüpft, er widme
sein Buch de Corpore den wenigen, welche in jeder Sache
durch Wahrheit und Festigkeit der Begründung an und für
sich erfreut würden, so ist er doch weit davon entfernt, die
Lehre aufzustellen, innere Konsequenz im Handeln werde von
dem Handelnden selbst angenehm empfunden, und damit jene
Forderung der Vernunft einen Ausdruck in den Affekten
finden zu lassen. Vielmehr gewinnt dieselbe nicht den geringsten Einfluss auf die Sphäre des Willens, und so bleibt
dank jener dualistischen Auffassung des Verhältnisses von
Vernunft und Affekt der Individualismus unerschüttert. Die
freiwillige Übung der Gerechtigkeit aber begründet H. durch
dieselbe optimistische Wendung, der er die Tugenden der
Versöhnlichkeit und der Nächstenliebe verdankt. Am deut-

lichsten tritt dies an jener Stelle des Leviathan hervor, wo
er eine längere Erörterung der Begriffe gerecht und ungerecht
mit dem Ausspruch abschliesst, das, was den menschlichen
Handlungen den Geschmack (relish) der Gerechtigkeit gebe,
sei ein gewisser Adel und eine gewisse Vornehmheit, welche
selten gefunden würden, und vermöge deren ein Mann es ver-
schmähe, behufs Befriedigung seiner Lebensbedürfnisse zu
Betrug und Treubruch zu greifen.

Fällt schon hiernach der Gedanke, dass die Individuen
ein eigentliches Interesse an der Widerspruchslosigkeit ihres
Handelns haben könnten, völlig ausser Betracht, so sind diejenigen Ausführungen, die H. im Leviathan an die Frage
nach der Verbindlichkeit der Verträge an sich anknüpft,
geeignet, seine Meinungen über den in Rede stehenden Punkt
noch klarer erkennen zu lassen. An jener Stelle sagt er,
der Zweck, um dessentwillen die Übertragung oder Aufgebung von Rechten eingeführt worden sei, sei kein anderer,
als die Erhaltung des Lebens und der Mittel zu demselben.
Wenn jemand also durch Worte oder andere Zeichen zu erkennen zu geben scheine, dass er sich des Zweckes berauben
wolle, um dessentwillen er jene Zeichen gebraucht habe, so
müsse man schliessen, dass er es nicht freiwillig gethan habe,
sondern dass er (aus Unwissenheit) den Inhalt jener Worte
oder Zeichen missverstanden habe. An einer anderen Stelle
aber macht er die Verbindlichkeit der Verträge von der Frei-
willigkeit der Kontrahenten abhängig, die bei ihm allerdings
nur den Sinn des Wollens überhaupt hat. Hiernach ergiebt
sich, dass bei H. Verträge nur so lange bindend sein können,
wie sie mit dem Interesse jedes Kontrahenten übereinstimmen,
weil, sobald dies für einen derselben nicht mehr der Fall ist,
angenommen werden muss, dass er über den Inhalt des Vertrages im Unklaren gewesen ist, denselben also auch in
Wirklichkeit gar nicht hat schliessen wollen. Damit ist der
vollständige Sieg der individualistischen Grundansicht über
die Idee einer inneren Konsequenz des Handelns besiegelt.

Diese Idee existiert nur für die Vernunft, nicht für das Affekt-
leben der Individuen.

Nach dem Vorhergehenden erscheinen alle Lehren des
II. über den vorstaatlichen Zustand von seiner individualistischen Grundansicht stark beeinflusst. Das einzige Element
hingegen, welches eine andere Tendenz verrät, die Vernunft
mit ihren Geboten, gewinnt keinen Zusammenhang mit den
Affekten, die seine Individuen bewegen, und wirkt somit auch
nicht umgestaltend auf das Wesen derselben. Aber die Idee
des vollkommenen Einzelwesens behauptet sich nicht nur
gegenüber dem Princip der Vernunft, sondern sie gewinnt
in diesem Gegensatz noch eine grössere Schärfe. Denn nicht
genug damit, dass H. lehrt, die Vernunft sei ohne Einfluss
auf den Handelnden, bildet er in seinem Buche de Homine
eine Lehre aus, die darauf hinausläuft, dass nicht etwa ver-
nunftgemässes Leben als solches von dritten gelobt zu werden verdiene, sondern nur diejenigen Äusserungen desselben,
welche ihnen selbst unmittelbar nützlich seien. So seien
Gerechtigkeit und Nächstenliebe des Lobes der anderen
würdig, weil es öffentliche Tugenden seien, dagegen seien
Tapferkeit, Klugheit und Mässigung private Tugenden und
begründeten einen Anspruch auf Anerkennung nur, insofern
sie im Dienste der Gesamtheit geübt würden. Damit ist denn
der völligen Negierung eines objektiven Wertes der Persönlichkeit die Behauptung hinzugefügt, dass auch Vernunft-
mässigkeit im Handeln als solche keine Wertschätzung verdiene, und so die Lehre des H., dass die Individuen als solche
ein Interesse weder an der Person noch an den Strebungen
anderer haben, dahin erweitert worden, dass die Individuen
auch von dem einzigen über sie hinausreichenden Princip
der Vernunft unmittelbar nicht beeinflusst werden, sondern
sich auch ihm gegenüber als nur auf sich gestellte Wesen
behaupten.

Aus dem Zustand der vollkommenen Vereinzelung und

der damit verbundenen gegenseitigen Feindschaft will nun H
in seiner Staatslehre die Menschen herausführen vermöge eben
jenes Princips der Vernunft, welches zu dem Fühlen und
Wollen der einzelnen Menschen keine Beziehung hat. Ihm
entlehnt er zunächst den Begriff des Staates als einer notwendig dauernden, nicht nur zeitweiligen friedlichen Gesamtheit unter den Menschen, legt sich dann die Frage vor, was
geschehen müsse, um seine Individuen zu einer solchen Vereinigung zusammenzufügen und macht sich so an die Aufgabe, eine rationale Wissenschaft vom Staat aufzubauen. Verfolgen wir die Gedankenbildungen unseres Philosophen auf
diesem Gebiet, wenn auch nur in grossen Zügen und suchen
wir uns über den Anteil der beiden ihn beherrschenden Prin-
cipe klar zu werden!

Der Staatsvertrag.

Den Eingang in die Lehre vom Staatsvertrag nimmt
H. von seinen individualistischen Anschauungen aus. Er
weist auf seine Schilderung des Naturzustandes hin, führt
aus, dass die blossen Moralgebote den Menschen Sicherheit
nicht verbürgten, sondern dass diese nur durch die Vereinigung vieler gewährleistet werden könne und findet
schliesslich in der gegenseitigen Furcht der Menschen vor
einander die Ursache für die Entstehung solcher Vereini-
gungen. Dann aber beginnt die der Vernunft entstammende
Idee einer dauernden, nicht nur zeitweiligen Vereinigung ihren
Einfluss zu äussern in der Bemerkung, eine blosse Vereinigung
von Menschen trage nach der Natur derselben keine Gewähr
der Dauer in sich. Zugleich verrät sich auch das Mittel,
dem H. diese Dauer verdanken will, wenn er den Schluss
anknüpft, dass eine Gewalt notwendig sei, welche das Auseinanderfallen der gewonnenen Vereinigung verhindere. Mit
dieser Folgerung ist H. bei der Notwendigkeit einer staatlichen Vereinigung angelangt. Er wendet sich nun zu der
Lehre von der Staatsbegründung und geht zunächst darauf

aus, die herkömmliche Theorie von derselben zu zerstören. Nach dieser schloss das Volk zuerst einen Einigungsvertrag und dann mit dem Herrscher einen an bestimmte Bedingungen geknüpften Unterwerfungsvertrag. H. setzt mit seiner Kritik bei dem Umstande ein, dass durch jenen Einigungsvertrag keine Gewalt geschaffen werde, welche die Individuen zusammenhalte und im stande sei, die Widerstrebenden unter den Willen der Gesamtheit zu beugen, und kommt zu dem Schluss, der Einigungsvertrag sei unnütz, denn er schaffe keinen durchsetzbaren Gesamtwillen, mithin kein Rechtssubjekt für den folgenden Unterwerfungsvertrag. Aus dieser Darlegung ergiebt sich zunächst die Folgerung, dass H. dem Staate nicht eine anderweite Vereinigung der Bürger, von der er abgeleitet werde, will vorangehen lassen, sondern denselben durch einen einzigen Akt einzelner Menschen will entstanden denken. Bezieht sich diese Folgerung nun auch nur auf die Form des Staatsvertrages, so ist sie doch zugleich von der grössten Bedeutung für dessen Inhalt, denn sie nimmt die Grundlage für eine bedingte Unterwerfung hinweg. Dadurch steht sie in Beziehung zu der anderen Folgerung, die die Erörterungen des H. nahe legen, dem Gedanken nämlich, dass H. die Begründung des Staates mit der Schaffung eben jenes Gesamtwillens identifizieren werde, den er in der blossen Vereinigung der Menschen vermisst. Und in der That gewinnt unser Philosoph den Inhalt seiner Staatsidee aus der Erwägung, dass zwischen den lediglich von ihren Einzelinteressen beherrschten Individuen ein dauernder Friede nur geschaffen werden könne durch Aufrichtung eines gänzlich uneingeschränkten Gesamtwillens, in dem jeder Einzelwille verschwindet. Die Schaffung dieses Gesamtwillens lässt H. dann dem Herkommen gemäss in der Form vertragsmässiger Rechtsübertragung von Statten gehen. Dabei erörtert er nirgends die Frage, ob und in wie weit seine Individuen einer solchen überhaupt fähig sein möchten, beschäftigt sich vielmehr nur damit, die Formel jenes Vertrages festzustellen. Er gelangt zu dem Schlusse, die Gründung des Staates geschehe dadurch, dass jeder Bürger mit jedem anderen einen Vertrag schlösse, dessen Inhalt die Worte ausdrückten: „Ich übertrage diesem Menschen oder dieser Versammlung — nämlich dem späteren Inhaber der Staatsgewalt — die Vertretung meiner selbst (my authority) und mein Recht, mich selbst zu regieren, unter der Bedingung, dass du auch die Vertretung deiner selbst und das Recht, dich zu regieren, demselben bezüglich derselben überträgst." An die Gewinnung dieser Formel schliesst dann H. die Definition seines Staates als einer Person an, für deren Handlungen eine Menge von Menschen auf Grund gegenseitigen Vertrages als Urheber zu gelten haben.

In diesen Lehren kommt die Idee eines wirksamen Gesamtwillens, die der Leitstern der bisherigen politischen Erörterungen gewesen ist, voll zur Erscheinung. Hier erkennen wir auch die Verwandschaft jener Idee mit den Moralgeboten, denn wie diese bei H. die Normen sind, deren allgemeine Beobachtung einen immerwährenden Frieden gewährleisten würden, so erscheint jener Gesamtwille als das gedachte Mittel, diesen Frieden herzustellen. Beide aber, die Moral und die Staatsidee, stehen im Dienste einer vernünftigen Gesamtselbsterhaltung, nicht in dem der Erhaltung schlechthin einzelner Individuen. Der Staatsvertrag hat also die Aufgabe, die Vernunftgebote in der Menschheit zu verwirklichen. Als Bedingung für die Erreichung dieses Zieles erscheint der Gehorsam der Individuen gegen die Staatsgewalt, und wir sehen uns somit der viel erörterten Frage gegenüber, was denn in H. Individuen jenen Gehorsam bewirke. Wir werden derselben näher treten, nachdem wir im Folgenden erwogen haben, welche Bedeutung der Staatsvertrag bei H. für den Bestand eines Staates besitzt.

Nach den Lehren der Vorgänger unseres Philosophen galt der Staatsvertrag als die Voraussetzung rechtmässiger

Herrschaft im Gegensatz zu einer durch Gewalt erworbenen, unrechtmässigen. Ganz anders H., er führt aus, durch Gewalt erworbene Herrschaft sei von einer durch Vertrag geschaffenen rechtlich nicht verschieden, der einzige Unterschied zwischen ihnen bestehe darin, dass der durch Vertrag begründete Staat in der gegenseitigen Furcht der Bürger vor einander, der durch Gewalt aufgerichtete aber in der gemeinsamen Furcht der Bürger vor dem späteren Herrscher seine Ursache habe, und schliesst dann die Darlegung an, dass die Rechte der Staatsgewalt bei beiden Arten der Staatsbegründung dieselben seien. Danach ist das Vorhandensein eines Staates für H. ganz wie für seinen Nachfolger Spinoza, der in seiner Staatslehre den Staatsvertrag völlig streicht, gegeben mit der Aufrichtung irgend einer Gewalt, die vermöge einer fraglosen Überlegenheit über alle Einzelnen im stande ist, diese ohne Bedingung und ohne Kampf unter ihren Willen zu beugen. Der Staatsvertrag hat demgegenüber nur die Bedeutung einer begrifflichen Konstruktion der Staatsgewalt; seine praktische Geltung verdankt er demgemäss auch nicht der Vertragstreue der Bürger, sondern ihrer Furcht vor der überlegenen Macht der Staatsgewalt. Schliesst doch H. selbst an die Formel des Staatsvertrages im Leviathan die Worte an: „Und dies ist die Schaffung jenes grossen Leviathan oder, um mich würdiger auszudrücken, jenes sterblichen Gottes, dem wir nächst dem unsterblichen Gotte Frieden und Schutz verdanken. Denn wenn von allen einzeln das Recht, sie zu vertreten, auf ihn übertragen worden ist, besitzt er eine so grosse Macht und die Verfügung über so grosse Kräfte, dass er durch den Schrecken vor denselben die Willensrichtungen aller zum Frieden unter sich und zur Vereinigung gegen die Feinde zu bringen vermag.‟

Hiernach empfängt der Staatsvertrag seinen Inhalt von der im Dienste der Gesamtselbsterhaltung stehenden Vernunft, seine Geltung aber von der Furcht der Individuen vor der Staatsgewalt. Wir erkennen in dem hier zu Grunde liegenden Dualismus ein genaues Analogon zu dem von Vernunft und Affekt im Einzelwesen und damit ein deutliches Zeichen für die enge Beziehung zwischen der Lehre des H. vom Staatsvertrag und seinen phychologischen Grundanschauungen. Verfolgen wir nun jenen Dualismus in die Lehre vom Staate selbst!

Der Staat.

Die wesentlichsten Charakterzüge seines Staates gewinnt H. im Anschluss an die Formel des Staatsvertrages. Zunächst ergiebt sich als unmittelbare Folge derselben die Unumschränktheit der Staatsgewalt. Des weiteren aber leitet H. aus jener Formel die Nichtverantwortlichkeit des Trägers der Staatsgewalt her. Er führt aus, durch den Staatsvertrag übertrage jeder das Recht, für ihn zu handeln und zu urteilen, auf die Staatsgewalt, müsse mithin selbst als Miturheber ihrer Handlungen gelten und begebe sich also durch jenen Vertrag notwendig des Rechts, die Staatsgewalt für ihr Verhalten irgend wie verantwortlich zu machen. So erscheint der Absolutismus des H. als eine unmittelbare Folge seiner Staatsidee.

Die besonderen Rechte der Staatsgewalt leitet H. her, indem er von der damals herrschenden Anschauung ausgeht, dass der Staat eine zu bestimmtem Zwecke von den Menschen geschaffene, vernünftige Einrichtung sei. Bei ihm kann der Staatszweck, da seine Menschen keinerlei über ihr Dasein hinausreichende Interessen besitzen, nur in der Aufrechterhaltung des Friedens und der Ordnung gefunden werden, und so werden die Mittel zur Erreichung dieses Zweckes als die Rechte der Staatsgewalt bestimmt. Die individualistische Grundansicht kommt hierbei nur insofern in Betracht, als sie durch Beseitigung aller ursprünglichen Werte in Religion, Sitte, Recht und Wissenschaft dem Absolutismus der Staatsgewalt die Bahn frei zu machen hat. Im übrigen werden, wie schon bemerkt, alle Staatsrechte aus der Idee einer geordneten Gesamtselbsterhaltung gewonnen. Da ergiebt sich zu-

nächst das Recht der Staatsgewalt, die Meinungen auszu-
wählen, welche gelehrt werden dürfen, damit nicht durch
Verbreitung aufrührischer Lehren die öffentliche Ruhe und
Sicherheit gefährdet werde. An dies Recht reiht sich die
Befugnis der Staatsgewalt an, zu bestimmen, was Eigentum
sein solle und in einem entstandenen Zwiste darüber das
Urteil zu sprechen. Endlich kommt dem Staat noch das
Recht zu, Ehre und Rang für die Bürger festzusetzen und
dadurch eine andere Quelle privaten Haders zu verstopfen.
Aber die Staatsgewalt hat nicht nur im Inneren für Ruhe
und Ordnung zu sorgen, sondern sie hat die Bürger auch
gegen die auswärtigen Feinde zu schützen; es muss ihr daher auch das Recht zugestanden werden, ein Heer aufzustellen,
zur Unterhaltung desselben nach eigenem Urteil Steuern aus-
zuschreiben und zu erheben, endlich mit den Auswärtigen
Krieg zu führen und Frieden zu schliessen. Gekrönt werden
diese Erörterungen durch die Ausführung, dass keines von
diesen Rechten aufgegeben würden dürfe, wenn der Zweck
des Staates wirksam solle verfolgt werden können, dass mithin die Staatsgewalt notwendig unteilbar sei. — Alle diese
Deduktionen erscheinen als eine in's Einzelne durchgeführte
Schilderung jener Idee eines Gesamtwillens, von deren Verwirklichung H. die Herstellung eines dauernd friedlichen Zustandes unter den Menschen erwartet. Sind hiernach die
Rechte der Staatsgewalt ausschliesslich bestimmt durch die
Vernunftidee einer geordneten Gesamtselbsterhaltung, so bietet
sich zunächst die Frage dar, welche Stellung H. innerhalb
dieser Staatskonstruktion dem Individuum anweist.

Hier wirkt naturgemäss der dualistische Charakter des
Staatsvertrages bestimmend ein. H. greift nämlich auf die
Lehre zurück, dass alle Rechtsübertragung den Frieden und
die Sicherheit der Individuen zum Zweck habe, und zieht aus
ihr den Schluss, dass niemand auf das Recht, sich selbst zu
verteidigen, verzichten könne, mithin dasselbe auch dem Staate

gegenüber notwendig behalte. Dieser Folgerung entspricht
dann weiter die Ausführung, dass jeder Unterthan das Recht
habe, sich selbst zu schützen, wenn der Staat die Macht ver-
loren habe ihn zu verteidigen und dass er dann auch nicht
mehr zum Gehorsam verpflichtet sei, weil dieser in dem Verlangen der Menschen nach Sicherheit seine Ursache habe.
Aber H. geht noch weiter, er führt aus, die Unterthanen be-
hielten die Freiheit, dem Staate den Gehorsam zu verweigern,
wenn die geforderte Handlung für sie schädlich sei, wie eine
Selbstanklage, oder ehrenrührig wie ein feindseliges Verhalten
gegen ihre Anverwandten, oder auch nur gefährlich, wie der
Eintritt ins Heer. Den Bestand des Staates aber sucht H.
demgegenüber dadurch zu sichern, dass er die letzten Zuge-
ständnisse an die Individuen nur unter der Bedingung macht,
dass andere bereit seien, den Befehl der Staatsgewalt auszu-
führen, und der Staatszweck also nicht gefährdet werde.
Überdies erkennt H. dem Staate auch in solchem Fälle das
Recht zu, die Ungehorsamen zu bestrafen.

In der letzten Wendung tritt die Gegensätzlichkeit der
beiden Ausgangspunkte von H.'s politischem Denken schon
deutlich zu Tage. Gleichwohl wird man zugestehen dürfen,
dass jene beiden Elemente in der vorliegenden Skizze eines
als bestehend gedachten Staates leidlich zu ihrem Recht ge-
kommen sind. Aber wir erinnern uns, dass es H. nicht nur
darauf ankommt, einen Zustand zu beschreiben, in dem die
Menschen eine Zeit lang friedlich mit einander leben könnten,
sondern dass er sich insbesondere die Aufgabe vorgesetzt hat,
die Aufführung eines Baues zu beschreiben, der nur von
aussen zerstört werden, aber nicht in Folge einer inneren
Ursache auseinanderfallen könne. Es erwächst uns daher die
Aufgabe zu untersuchen, ob H. auch bei der Begründung
der Unzerstörbarkeit seines Staates den beiden entgegengesetzten Prinzipien seines politischen Denkens zugleich
Rechnung getragen hat.

Den Bestand seines Staatswesens erörtert H., indem er die Frage aufwirft, ob und in welchen Fällen den Bürgern das Recht zustehe von dem Staatsvertrag zurückzutreten. Er behandelt dieselbe im Anschluss an seine Lehre von den Verträgen im allgemeinen und dem Staatsvertrage im besonderen und gelangt so dazu, die Meinung aufzustellen, dass zu einer rechtmässigen Auflösung des Staatsvertrages die Einstimmigkeit der Kontrahenten, d. h. aller Unterthanen, erforderlich sei, ja dass dieselbe noch durch die Zustimmung des Herrschers ergänzt werden müsse. Wie wir sehen, greift H. hier einfach auf das Vernunftgebot der Vertragstreue zurück, ohne auch nur die Frage zu berühren, was in diesem Falle jenes Gebot für seine Individuen verbindlich mache. Nun besitzen diese aber kein über sie selbst hinausreichendes Interesse und sind daher einer wirklichen Vertragstreue gar nicht fähig; sie können also auch, wie wir schon oben bemerkten, durch den Staatsvertrag nur so lange gebunden werden, wie die Staatsgewalt ohne Zweifel im stande ist, jeden Aufstand Unzufriedener niederzuwerfen. Mit diesem Schluss ist die Unvereinbarkeit von H.'s Lehre über die Auflösung des Staates mit seiner individualistischen Grundansicht genügend dargethan und zugleich die Richtung gezeigt, in der die Beantwortung der vorliegenden Frage gesucht werden müsste, wenn man jener Grundansicht voll Rechnung tragen wollte. Man würde da im Einklang mit dem, was H. über die wirkliche Geltung des Staatsvertrages sagt, zu der Lehre gelangen, die Verpflichtung zum Gehorsam dauere nur so lange, wie die Staatsgewalt zweifellos die nötige Machtfülle besitze, um ihn zu erzwingen. Stehe es indessen nicht mehr ausser Zweifel, dass die Staatsgewalt jene Macht habe, so sei der Staat im Grunde nicht mehr vorhanden und es habe daher jeder das Recht, nach anderweitigen Staatsbildungen zu streben. Ja, auch das Urteil darüber, ob jene Übermacht der Staatsgewalt bestehe oder nicht, müsste jedem Einzelnen zugestanden werden, und es träfe ihn der Vorwurf der Unvernunft und des Unrechts nur, wenn er sich gegen eine ihm selbst offenbare Übermacht auflehnen wollte. Der Bestand des Staates aber würde damit etwas rein Zufälliges und hänge ab von den jeweiligen Machtverhältnissen in der betreffenden Gesamtheit. Diese Konsequenzen der individualistischen Grundansicht zeigen deutlich, dass es überhaupt nicht gelingen konnte, die Individuen des H. in einen notwendig dauernden, vernünftigen Zusammenhang zu bringen, weil die Vernunft selbst in ihnen keine Macht ist. Jener durchgeführte Dualismus von Vernunft und Affekt also, mit dem der Individualismus des H. so eng verwachsen ist, macht zugleich die Verwirklichung seiner rationalen Staatsidee unmöglich.

Schluss.

Müssen wir nach dem Vorigen den Versuch des H., seine beiden Ideen des Individuums und der vernünftigen Gesamtheit in lebendige und feste Beziehung zu setzen, als gescheitert betrachten, so bleiben als Gewinn seiner Arbeit jene Ideen selbst in der ihnen von H. gegebenen Ausprägung. Und da werden wir denn behaupten dürfen, dass sowohl die Idee eines vollkommenen Einzelwesens als die einer völlig geeinten Gesamtheit nirgends schärfer und bestimmter gezeichnet worden sind, als in den Schriften unseres Philosophen. In diesen Schöpfungen des H. also scheint uns der eigentliche Wert seiner politischen und psychologischen Arbeiten zu bestehen. Denn wenn jene Ideen auch nirgends rein in die Wirklichkeit treten, so zeigen sie uns doch die Grenzen, zwischen denen wir stehen, wenn wir uns als Individuen und zugleich als Glieder einer Gesamtheit finden.

Aber nicht allein, was ein Philosoph geleistet, sondern auch was er erstrebt hat, verdient erwogen zu werden. Über-

blicken wir in dieser Absicht noch einmal das ganze Ge-
bäude seiner Lehren! Dieselben fliessen überall aus zwei
entgegengesetzten Principien, einem individualistischen und
einem universalistischen. Auf dem Gebiet des Erkennens
steht den schlechthin einzelnen Sinnesempfindungen die Vernunft als Organ unfehlbarer Erkenntnis gegenüber; in der
Psychologie wird die Idee eines reinen Einzelwesens mit der
äussersten Konsequenz entwickelt, und doch tritt ihr in der
Politik die Idee einer vernünftigen Gesamtheit gegenüber.
Auf beiden Gebieten, dem physischen wie dem psychischen
sucht H. schliesslich nach einer Vermittelung der sich entgegenstrebenden Prinzipien, und so gehört auch er, den wir
in dieser Arbeit vorzüglich als den Verfechter eines radikalen
Individualismus kennen gelernt haben, vermöge seines Zieles
der langen Reihe von Denkern an, die nach der Zertrüm-
merung der mittelalterlichen Weltanschauung an die damit
neu gegebene Aufgabe herangetreten sind, einen Zusammenhang zu stiften zwischen dem Allgemeinen und dem Einzelnen, der Gesamtheit und dem Individuum.

Litteratur.

Uberweg, Grundriss der Geschichte der Philosophie.

Windelband, Geschichte der neueren Philosophie.

Bluntschli, Staatswörterbuch.

Robertson, Hobbes.

Tönnies, Anmerkungen über die Philosophie des Hobbes, 4 Artikel in der Vierteljahrsschrift für wissenschaftliche Philosophie.

Tönnies, „Thomas Hobbes" in der Deutschen Rundschau 1889. Heft 7.

Gierke, Joh. Althusius und die Entwickelung der naturrechtlichen Staatstheorien.

Thesen.

—

I.

Zu den wesentlichen Zügen, welche das moderne wissenschaftliche Denken von dem mittelalterlichen unterscheidet, gehört insbesondere seine Richtung auf Erkenntnistheorie.

II.

Die Utopia des Thomas Morus giebt ein treues, aber bisher nicht nach Verdienst gewürdigtes Bild der individualistisch-rationalistischen Strömung, welche sich zu Anfang des 16. Jahrhunderts geltend macht.

III.

Der naturrechtlichen Staatsauffassung ist durch die Arbeiten der historischen Rechtsschule zu Anfang dieses Jahrhunderts der Boden entzogen worden. Für den Aufbau einer neuen Theorie des Staates ist eine völlige Umarbeitung der überkommenen Vorstellungen von dem Verhältnis des Individuums zur Gesamtheit erforderlich.

— —

Vita.

Natus ego sum, Gustav Louis, Berolini die VIII mensis Novembris anni h. s. LVII, patre Feodoro mercatore, matre Clara e gente Berger, quorum uterque iam morte mihi ademptus est. Fidei addictus sum evangelicae. Literarum rudimentis cum domi imbutus essem, scholam adii, quae tunc vocabatur „Stralauer höhere Bürgerschule“ inde ad gymnasium realem, quod dicitur Sophiae transgressus vere anni LXXVI maturitatis testimonium adeptus sum. Tum patre auctore Latinarum Graecarumque linguarum studiis operam dedi et in gymnasium Berolinense Leucophaeum receptus, hic quoque examen maturitatis sustinui autumno anni LXXVIII. Deinde ad studium philosophiae et mathematicae deflexus per quadriennium scholis universitatis Berolinensis interfui. Quo tempore me docuerunt v. d. Bruns, Droysen, Ebbinghaus, v. Helmholtz, Kirchhoff, Kummer, Paulsen, Wangerin, Weierstrass, Zeller. Hi viri illustrissimi optime de me meriti sunt, inprimis autem Paulsen, qui me per triennium exercitationibus philosophicis admisit et studiis meis doctrina atque benevolentia favit. Denique anno LXXXIV examine pro facultate docendi probatus, anno XL, praeceptor ordinarius scholae Berolinensis, quae vocatur „Erste höhere Bürgerschule“ nominatus sum.